AF461450

MAROC

Renseignements Économiques

PARIS, 21, RUE DES PYRAMIDES, ET 19, RUE D'ARGENTEUIL

Téléphone : Central 75-63

Office du Protectorat de la République Française au Maroc

Emile LAROSE, Editeur, PARIS

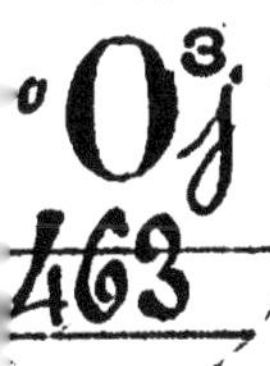

MAROC

Renseignements Economiques

MAROC

Renseignements Économiques

PARIS, 21, RUE DES PYRAMIDES, ET 19, RUE D'ARGENTEUIL

Téléphone : Central 75-63

Office du Protectorat de la République Française au Maroc

Emile LAROSE, Editeur, PARIS

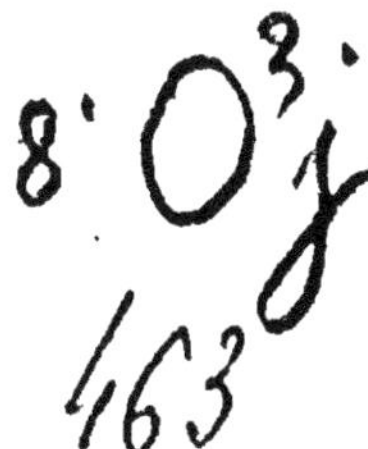

Pour tous renseignements concernant le Maroc

s'adresser

A l'Office du Protectorat
de la République Française au Maroc

PARIS, 19, Rue d'Argenteuil

au coin de la rue des Pyramides

Téléph. : Central 75-63

PROTECTORAT DE LA RÉPUBLIQUE FRANÇAISE AU MAROC

CHAPITRE PREMIER

SITUATION GÉOGRAPHIQUE. — CLIMAT. — VOYAGES

Le Maroc, dont la superficie est d'environ 42 millions d'hectares (1), termine au Nord-Ouest le continent africain.

SITUATION GÉOGRAPHIQUE

La situation de ce pays, qui est compris entre le 35° et le 29° parallèle de latitude Nord, son climat adouci par le voisinage de l'Océan, ses chaînes de montagnes et, en particulier, le système de l'Atlas dont les hauts sommets retiennent, sur les plaines fertiles du littoral atlantique, les pluies amenées par les vents de l'Océan, les richesses naturelles variées de son sol et de son sous-sol, ses fleuves plus réguliers et plus longs que les autres cours d'eau de l'Afrique du Nord, sont autant de facteurs géographiques favorables qui doivent désigner le Maroc à l'attention de tous ceux qui s'intéressent à la mise en valeur et au développement des pays neufs. Il n'est pas jusqu'à la proximité de la Métropole qui ne puisse attirer, dans notre nouveau protectorat, colons, commerçants, indus-

(1) Le Maroc, par suite des accords internationaux, est soumis dans sa partie en bordure de la Méditerranée à l'influence espagnole. Tout le reste du pays, sauf la zone de Tanger et l'enclave espagnole d'Ifni au Sud, relève du Protectorat français du Maroc depuis le traité du 30 mars 1912.

triels et touristes. La France occupe, à l'heure actuelle, 28 *millions* d'hectares environ sur lesquels 9.500.000 représentent le Maroc agricole.

CLIMAT

La situation du Maroc, au point de vue climatérique, paraît être beaucoup plus favorable que celle des autres régions de l'Afrique du Nord, à cause de son relief plus accentué et du développement de sa côte atlantique: l'Atlas constitue un écran entre le Sahara et le Maroc occidental: de l'Atlantique viennent les vents d'Ouest chargés d'humidité.

Sur la côte, la moyenne des températures est plutôt basse: 17° à Rabat et à Casablanca, 19° à Mazagan, 20° à Safi. Mogador, dans une situation particulière, jouit d'une température constante oscillant autour de 19°. Les pluies diminuent du Nord au Sud et vont de 815 mm. à Tanger à 300 mm. à Mogador. Le littoral, en son milieu, connaît des chutes d'eau de 400 à 600 mm., suivant les années. Les pluies tombent de novembre à avril; mais une certaine humidité règne en été sur la côte par suite de la fréquence des rosées nocturnes et de la formation des brouillards.

Dans l'intérieur, l'humidité diminue au fur et à mesure qu'on s'éloigne du littoral. C'est un air sec que l'on respire à Meknès comme à Marrakech; mais ce qui différencie le Nord du Sud, c'est que l'hiver, les pluies tombent plus abondamment à Meknès et à Fès (600 à 700 millim.) que dans le Haouz de Marrakech (350 mm.). Par contre, les différences de climat y sont plus fortes que sur la côte: il y fait chaud en été et froid en hiver. Fès a un minimum de 1° en hiver et un maximum de 44° en été. Marrakech connaît, aux mêmes saisons, 0° et 45°. Les vents qui dominent en été sont ceux du Nord-Est; mais la température s'élève sous l'influence du *sirocco* et du *chergui*, qui soufflent heureusement peu fréquemment et sont d'assez courte durée.

Dans la montagne, où l'on ne colonise pas encore, mais

où se trouvent des postes militaires, il tombe de la neige de novembre à mai, à partir de 1.000 mètres environ.

VOYAGES

L'Administration n'accorde aucun passage gratuit ou réduit. La vaccination antivariolique des passagers est obligatoire.

Les Français et les étrangers se rendant directement de France ou d'Algérie dans la zone franco-marocaine ou réciproquement, même après escale à Tanger, ne sont plus astreints au passeport, mais à la présentation d'une carte d'identité timbrée.

Le passeport n'est exigé que des voyageurs en provenance directe de l'étranger. Visa supprimé, mais obligation dans les quinze jours de l'arrivée en zone française, de se faire immatriculer à son Consulat ou de faire une déclaration de résidence.

Pour le parcours par terre de Tanger à Rabat et la traversée de la zone espagnole, se munir d'un passeport visé par le Consul d'Espagne de sa résidence.

L'accès de la zone française du Maroc reste interdit aux ressortissants allemands et autrichiens.

Les relations maritimes sont assurées principalement par la *Compagnie de Navigation Paquet*, 4, place Carnot, à Marseille, et 43, rue Lafayette, à Paris, et la *Compagnie Transatlantique*, 15, quai Louis XVIII, Bordeaux, et 6, rue Auber, à Paris.

En outre, les services d'avions de la *Société Latécoère*, 182, boulevard Haussmann, à Paris, relient Toulouse et Marseille à Tanger, Rabat, Casablanca, Fez et Oran.

Voyages dans l'intérieur du Maroc

Les meilleures époques pour voyager sont, après ou avant les pluies dans l'intérieur, d'avril à juin et de septembre à novembre ; sur le littoral, d'avril à octobre.

Ces voyages dans l'intérieur peuvent s'effectuer par automobiles et par chemins de fer.

Routes

Le réseau routier du Maroc comporte 8.200 kilomètres de routes principales et 1.000 kilomètres de routes secondaires. La grande route côtière Mogador, Mazagan, Casablanca, Rabat, Kenitra, Tanger est terminée. Meknès est reliée à Fès et à Taza d'une part et à Rabat d'autre part. Quatre routes partent de Marrakech sur Casablanca, Mazagan, Safi et Mogador.

La Compagnie générale de transport et de tourisme (siège social : Casablanca ; agence à Paris, 64, rue Pierre Charon) a organisé au Maroc des services automobiles réguliers (autos-cars, limousines, torpédos) qui fonctionnent tous les jours entre les grandes villes du Maroc, Oudjda, Fez, Meknès, Rabat, Casablanca, Marrakech et les ports du Sud, et entre Tanger et Rabat.

Chemins de fer

Le réseau à voie de 0 m. 60 s'étend sans discontinuité d'Oudjda à Marrakech, desservant les principales localités du Maroc : Taza, Fez, Meknès, Kenitra, Rabat, Casablanca avec deux embranchements sur Outat-el-Hadj, Oued-Zem et vers Souk-el-Arba du Gharb.

La Compagnie des chemins de fer du Maroc et celle des chemins de fer de Tanger à Fez ont ouvert au public, en juin 1923, les premières lignes à voie normale qui relient présentement Rabat, Kenitra, Petit-Jean, Meknès et Fez.

CHAPITRE II

VILLES PRINCIPALES DU PROTECTORAT FRANÇAIS

I. — PORTS DU MAROC OCCIDENTAL

Les ports ouverts actuellement au commerce sont au nombre de sept : Mogador, Safi, Mazagan, Casablanca, Fédalah, Rabat et Kénitra. Le port d'Agadir n'est pas encore ouvert au commerce.

Mogador. — Port à barcasses et à remorqueurs où les opérations de chargement et de déchargement sont possibles toute l'année. Des terre-pleins ont été construits entre les deux jetées.

Mogador dessert la Région des Chiadma, des Haha et une partie du Sous.

Principales importations : objets de consommation indigène, sucre, thé, bougies, cotonnades, etc.

Exportation ; céréales, gomme, amandes, peaux, œufs, huile d'argan.

Safi. — Port à barcasses assez important comme trafic, bien que celui-ci soit particulièrement gêné par la barre pendant la mauvaise saison, en raison de son exposition aux vents d'Ouest et du relèvement des fonds.

Safi dessert les Abda et est un des débouchés de Marrakech. Importe, comme Mogador, des articles de grosse consommation indigène, fortes exportations de céréales et, en outre, de laines, peaux et amandes.

Mazagan. — Port à barcasses, seul débouché de la riche Région des Doukkala, transite une partie des marchandises intéressant Marrakech. Importations très variées, exportation de céréales, gros commerce d'œufs.

Casablanca. — Grand port en construction. Jetée de 2.050 mètres, presque terminée en 1924, quais accostables aux grands navires (275 m.) et aux petits navires et barcasses (1.000 m.). 55.000 mètres carrés de terre-pleins, 20.000 mètres carrés de magasins et de voies de 0 m. 60 pour desservir les terre-pleins.

Débouché de la Chaouïa, des Beni-Meskine, du Tadla, des Rehamna et, pour certains produits, de la Région de Marrakech.

Tête de ligne du chemin de fer allant sur Rabat et sur Marrakech.

Point d'arrivée des routes et pistes de Fez-Kenitra, Rabat, de Kasbah-Tadla, Ben-Ahmed, Ber-Rechid, de Safi et de Mazagan.

Très grosse importance commerciale.

FEDALAH. — Port en construction à 23 kil. au nord de Casablanca, abrité des vents d'Ouest. Les navires ne calant pas plus de 5 mètres peuvent entrer dans le port et débarquer à quai, les autres sont déchargés en rade.

RABAT-SALÉ. — Port fluvial accessible aux navires ne dépassant pas 800 tonnes et 3 m. 20 de tirant d'eau : en voie d'aménagement. Débouché des Zaers, des Zemmours et des Zaïans.

KENITRA. — Port fluvial à 17 kil. de la côte, au fond d'une boucle du Sebou de 290 mètres de large et accessible aux navires de 3 m. 50 de tirant d'eau. C'est le port le plus rapproché de Fez et de Meknès, débouché des Beni-Ahssen et du Gharb. — En voie d'aménagement.

II. — VILLES DE L'INTÉRIEUR

MARRAKECH. — Une des trois capitales modernes de l'Empire Chérifien. Ville la plus peuplée du Maroc, dans la plaine très arrosée du Tensift, entourée des merveilleux jardins et bosquets de palmiers. L'une des villes les plus chaudes du Maroc, 49° l'été, mais climat sec et salubre, idéal l'hiver. Certaines industries indigènes y sont florissantes : tanneries, babouches, chaudronneries.

Une ville nouvelle, le Guéliz, est en formation à Marrakech.

MEKNÈS. — Ancienne capitale des Sultans. Entourée

de beaux jardins, au centre d'une région convenant particulièrement à la colonisation européenne et qui se rapporte le plus de la France comme climat.

FEZ. — Ville sainte des Musulmans et leur capitale commerciale. Il faut distinguer Fez-Djedid de Fez-Bali où se trouve le quartier musulman commerçant (Médina). La ville européenne, en voie de construction, est au sud-ouest de la ville indigène.

Fez entretient des relations commerciales avec Tanger et le Nord-Ouest marocain, avec Larrache (zone espagnole) qui est un de ses ports de transit, avec Kenitra et avec Rabat-Salé.

L'industrie est exercée par des corporations groupées par quartier : tissage et confection de vêtements indigènes, tannerie, teinturerie, orfévrerie, meunerie, etc.

Le climat froid et humide l'hiver, lourd en, été n'est agréable qu'au printemps et à l'automne.

CHAPITRE III

COLONISATION

Le Résident Général et l'Administration du Protectorat n'ont jamais cessé d'étudier les moyens de réaliser pratiquement le programme de colonisation auquel ils se sont arrêtés et qui a rencontré l'approbation des divers groupements intéressés.

I. — LE PROGRAMME DE COLONISATION AGRICOLE

Ce programme comporte, pour la petite colonisation, des lotissements de culture maraîchère à proximité des villes, et de petites exploitations autour des gares et de certains centres susceptibles de développement ; pour la colonisation moyenne, la création de fermes dans les régions particulièrement fertiles et à proximité des grandes voies de communication ; enfin, pour la grande colonisation, il prévoit d'importantes exploitations nécessitant de gros capitaux, et auxquelles l'Administration apportera son appui sous forme d'aménagement des voies d'accès et de perfectionnement de l'outillage public et sous la forme d'aliénation possible, avec clause de mise en valeur, de propriétés domaniales qui ne répondraient pas aux conditions requises pour la moyenne colonisation.

Un service de l'Hydraulique et des améliorations agricoles a été constitué, qui a pour mission d'établir l'inventaire des ressources hydrauliques du pays en même temps qu'il aide de ses conseils techniques les colons pour l'aménagement de l'irrigation dans leurs propriétés, et qui fixe les droits acquis à ce jour.

Enfin une Commission de colonisation a été créée sous la présidence de M. le Secrétaire Général du Protectorat.

Ainsi, tous les services intéressés directement ou indirectement à la réalisation du programme se trouvent groupés et peuvent travailler utilement, avec la coordination et l'unité de vues nécessaires.

Grâce à ces efforts, la colonisation au Maroc est entrée dans la voie de l'exploitation méthodique et perfectionnée de régions qui autorisent les plus belles espérances.

II. — LES TERRES DE COLONISATION

Les personnes désireuses de créer au Maroc des entreprises agricoles peuvent, pour l'acquisition ou la location des terrains qui leur sont nécessaires, s'adresser soit à des propriétaires particuliers indigènes ou européens, soit à l'Administration du Protectorat qui dispose, à cet effet, de certaines terres, dites domaniales.

ACHAT DE TERRES

a) *Achat de terres à des propriétaires particuliers.* — Les tractations avec des propriétaires européens s'effectuent dans des conditions et suivant des procédés analogues à ceux employés en France.

L'acquisition directe de terres appartenant à des indigènes exige, par contre, certaines formalités préalables : examen des titres par le Cadi, enquête par les autorités locales, bornage du terrain en présence d'adouls (notaires indigènes) ; les actes doivent être passés devant les dits notaires et légalisés par le Cadi. Il est nécessaire d'être très circonspect sur la valeur des titres de propriété présentés ; on ne saurait trop recommander d'en faire établir l'authenticité et d'avoir recours, dans ce but, à la procédure de l' « immatriculation », instituée par le Dahir du 12 août 1913.

L'immatriculation a pour objet d'établir un titre foncier officiel, constituant en quelque sorte l'état-civil complet de la propriété, à l'abri, par conséquent, de toute contestation.

b) *Achat de terres domaniales.* — Le système de colonisation par concessions gratuites n'a pu être adopté au Maroc, tant à cause de la faible étendue relative des propriétés domaniales, que des inconvénients multiples qui résulteraient, pour les colons eux-mêmes, de leur isolement dans une exploitation de superficie trop restreinte.

L'administration du Protectorat a envisagé trois formules de colonisation : la petite, la moyenne et la grande colonisation.

1° *La petite colonisation.* — Les lots livrés à la petite colonisation ont une superficie relativement restreinte, de 1 à 30 hectares.

Des lotissements maraîchers ont été créés aux abords de quelques centres urbains : Casablanca, Rabat, Kenitra, Petitjean, Meknès, Fez. C'est moins de la colonisation rurale proprement dite qu'une extension du développement de la ville qui dispose de tels lotissements. Aussi, jusqu'à présent, le bénéfice des attributions de ces lots a-t-il été réservé autant que possible à des gens déjà fixés dans la ville. Les expériences faites jusqu'ici ont amené l'Administration à substituer le système des attributions de lots en toute propriété (sous condition résolutoire de mise en valeur) au système des locations adopté au début ; il est opportun également de rechercher des maraîchers de métier, qui tireront un meilleur parti des terrains et contribueront à assurer dans de meilleures conditions le ravitaillement en légumes des villes dont la population ne cesse de s'accroître.

Les lots sont mis en vente avec tirage au sort entre les demandeurs. Le prix est payable par annuités et les acquéreurs sont tenus à certaines obligations de mise en valeur, suivant un cahier des charges particulier à chaque lotissement. L'exécution de ces clauses fait l'objet d'un contrôle exercé par la Direction Générale de l'Agriculture qui porte ses conclusions devant le Comité de Colonisation ; ce dernier statue en définitive sur le maintien de l'attributaire dans sa possession ou au contraire sur la nécessité de prononcer sa déchéance s'il y a lieu.

Certaines de ces exploitations pourront se développer et devenir de véritables exploitations de colonisation suburbaine, joignant à la production des cultures maraîchères celle des volailles, des œufs, du lait, du beurre, etc., pour lesquelles la ville voisine constituera un débouché toujours assuré. De telles exploitations ont avantage à concentrer tous leurs moyens : direction, surveillance personnel, capitaux, et à ne pas dépasser certaines limites. Les clauses de mise en valeur, rédigées de manière à tenir compte de cette situation particulière, pourront éventuellement être accompagnées de restrictions et de servitudes imposées par le voisinage d'une ville.

2° *Moyenne colonisation.* — Cette colonisation a un double caractère : c'est une colonisation « peuplante », tendant à implanter et à maintenir au Maroc une bonne souche française et c'est une colonisation « assistée », en ce sens que l'Etat se doit de la mettre dans les meilleures conditions de réussite, en l'installant sur des terres choisies à proximité des voies ferrées et en la dotant de l'outillage économique nécessaire.

Chaque année, le Gouvernement Chérifien met à la disposition des futurs colons un certain nombre de lots de moyenne colonisation d'une étendue variant entre 150 et 300 hectares. Ces lots sont vendus à un prix qui a oscillé, ces dernières années, aux environs de 100 francs l'hectare. Le prix est payable en dix annuités ne comportant pas d'intérêts.

La moitié des lots est réservée aux agriculteurs habitant le Maroc depuis deux ans au moins et qui n'ont pu encore s'y constituer un domaine agricole.

Un quart est réservé aux mutilés;

Les postulants ne rentrant pas dans ces deux catégories concourent pour le dernier quart.

Comme il y a, en général, plus de demandeurs que de lots disponibles, les candidats tirent au sort dans chaque catégorie l'ordre dans lequel ils sont admisà choisir les lots.

Dans l'examen des demandes déposées par les futurs colons et dans leur intérêt même, il est tenu très grand compte de leurs connaissances agricoles.

En outre, toujours dans le même but, l'Administration du Protectorat exige que les candidats justifient de la possession des capitaux nécessaires à la mise en valeur des lots. Le montant de ces capitaux varie, cela va sans dire, suivant la situation des propriétés et la nature des terres; il a oscillé, ces dernières années, entre 30.000 et 80.000 francs, y compris les annuités d'achat, soit une moyenne de 200 à 275 francs par hectare.

Le programme des ventes est prêt ordinairement vers la fin du mois de juin et le tirage au sort a lieu dans le courant du mois d'août.

Les lots qui, pour une raison quelconque, demeurent disponibles, une fois cette répartition effectuée, sont maintenus en vente aux mêmes conditions de prix par le Service des Domaines, à Rabat.

3° *Grande colonisation.* — Les domaines appartenant à l'Etat, d'une étendue relativement importante, éloignée d'un centre ou de moyens de communications, dont la nature ne permet pas le morcellement et dont la mise en valeur nécessite de gros capitaux, sont livrés à la grande colonisation par la voie de l'adjudication publique aux enchères.

Les adjudicataires sont toutefois mis dans l'obligation d'appliquer rigoureusement les termes d'un cahier des charges qui les obligent à la construction de bâtiments d'exploitation, à l'achat du cheptel, de matériel agricole et de mise en valeur d'un nombre d'hectares augmentant chaque année, toutes choses en rapport avec l'importance de la propriété.

Les conditions nécessaires pour être admis par l'Administration à participer à l'adjudication de ces domaines sont les mêmes que pour les autres modes de colonisation ; toutefois, l'Administration demande aux concurrents de justifier des ressources nécessaires à l'exploitation de ces grandes propriétés.

Toutes les demandes d'inscription aux tirages au sort des lots de petite et de moyenne colonisation ou de participation aux adjudications de grande colonisation doivent être adressées à la Direction de l'Agriculture, du Commerce et de la Colonisation à Rabat.

LOCATIONS

a) *Locations à des propriétaires particuliers.* — Des propriétés rurales, d'une importance variable, peuvent être obtenues en location, à termes plus ou moins longs, en s'adressant aux propriétaires, qu'ils soient Européens ou indigènes.

Les contrats de location effectuées avec les indigènes sont enregistrés par des notaires indigènes (adoul) et sous l'autorité des cadis. Néanmoins, ces contrats peuvent être déposés au greffe du tribunal. Ces tractations ne peuvent porter que sur des terres appartenant à des particuliers. Tous contrats entre Européens et entre Européens et indigènes peuvent être, en cas de litige, portés devant les tribunaux français du Maroc.

b) *Locations de terres appartenant à l'Etat.* — Chaque année, le Service des Domaines met en location à long terme, par voie d'adjudication, certaines propriétés plantées d'arbres fruitiers dans la région de Marrakech. Ces locations, portant sur des terres appartenant à l'Etat, sont offertes à la colonisation européenne à l'échéance des anciennes locations contractées par les exploitants indigènes.

De plus, l'Administration des Habous (Biens fonciers attribués aux fondations religieuses) possède certains terrains suburbains inaliénables qui sont toutefois loués à plus ou moins longs termes pour la culture maraîchère.

APPRÉCIATION DE LA VALEUR DES TERRES

La plupart des terres marocaines se prêtent à la culture des céréales, des plantes industrielles et à l'élevage des animaux domestiques.

La valeur de ces terres varie cependant d'après leur nature, leur situation régionale, leurs possibilités de mise en culture immédiate ; selon qu'elles sont défrichées ou envahies par les plantes parasites (palmier nain, lentisque, jujubier, etc.), leur proximité d'une ville ou d'une voie de communication (route, chemin de fer), leurs ressources en eau, etc.

Certaines terres pauvres et en brousse peuvent ne valoir que 60 à 80 francs l'hectare, comme d'autres, défrichées et aux environs des grandes villes, peuvent se voir attribuer une valeur de 1.000 francs l'hectare et même davantage.

CAPITAUX NÉCESSAIRES POUR LA MISE EN VALEUR D'UN DOMAINE DE COLONISATION

Un domaine à constituer sur une terre nue exige la construction de maisons d'habitation, d'écuries, de hangars, l'achat de matériel et de cheptel, l'aménagement d'abreuvoirs, de puits, l'achat de réserves alimentaires pour le cheptel au cours de la première année d'exercice, etc., sans préjudice des fonds de roulement.

Dans ces conditions, on estime, en général, que le capital nécessaire pour une exploitation agricole doit varier entre le double et le triple de la valeur du fonds.

III. — LES ENTREPRISES AGRICOLES ET D'ÉLEVAGE

LES RÉGIONS DE COLONISATION

Les régions du Maroc les plus favorables à la création de domaines agricoles, tant en raison de la qualité des terres et des conditions climatériques, que de la sécurité qui y règne dès maintenant, sont :

La Chaouïa, desservie par les ports de Casablanca et Fédhalah, avec les centres administratifs suivants, qui constituent aussi des points de colonisation et des marchés importants : Boulhaut, Le Boucheron, Ber-Rechid, Médiouna, Settat, Ouled-Saïd, Ben-Ahmed. La Chaouïa comprend de vastes étendues de terres « tirs » argileuses, profondes et particulièrement fertiles, propices aux cultures de céréales, de fèves, de lentilles, de fenugrec, etc.

Les Zemmour et les Zaer, arrière-pays de Rabat et de Salé, où se pratiquent avec succès les cultures de céréales, maïs, sorgho, etc., et où l'élevage du porc, favorisé par le voisinage des forêts de la Mamora et des Zaer, constitue une source appréciable des revenus. Principaux centres : Bou-Znika, Temara, Monod, Tiflet, N'Kheïla, Marchand.

Le Gharb, avec Kenitra, Mehedya comme débouchés, et comprenant une vaste plaine bien arrosée, composée en grande partie d'alluvions profondes et très fertiles (Souk el Had Kourt, Souk el Arba du Gharb, Lalla Mimouna, Arbaoua).

La vallée du Sebou et de ses affluents, l'une des régions les plus fortement colonisées à l'heure actuelle, en raison de la régularité de ses pluies et de la qualité excellente de ses terres. Le Sebou constitue un moyen de communication avec Kenitra. Principaux centres : Mechra bel Ksiri, Dar Bel Hamri, Petitjean.

La région de Meknès, appelée à prendre un grand essor agricole, avec ses ressources en eau d'irrigation, son climat modéré et ses plateaux fertiles et propices à la création de vergers et d'oliveraies.

Les Doukkala, avec leur population indigène relativement dense, produisent en grande quantité le blé, l'orge, le maïs, les graines de légumineuses (fèves, pois chiches, etc.), le henné. Principaux centres agricoles : Mazagan (port), Azemmour, Sidi Ali, Sidi Ben Nour, Le M'Tal.

Les Abda, desservis par le port de Safi, et qui sont cultivés sur les deux tiers de leur superficie totale en céréales, en alpiste et en cumin.

Les régions de Marrakech et de Mogador ont été très peu colonisées jusqu'à ce jour.

Plus de mille colons français sont déjà installés au Maroc, principalement en Chaouïa et dans la vallée du Sebou. Un certain nombre d'entre eux résident dans le *bled* avec leur famille, mais la plupart sont encore logés d'une façon rudimentaire, dans des constructions en briques de terre ou en tôle ondulée, voire même sous la « nouala » marocaine (sorte de hutte couverte de chaume sur un clayonnage de roseaux, avec un soubassement en pisé). Dans tous les cas, avant d'amener sa famille, il est indispensable de faire édifier une construction offrant quelque confort.

La création d'une entreprise agricole au Maroc exige non seulement des connaissances techniques approfondies, mais aussi l'habitude des coutumes des indigènes, et autant que possible de leur langue. Un stage dans une des Fermes expérimentales du Protectorat (1) s'impose donc au préalable pour les personnes qu'un séjour en Algérie ou en Tunisie n'a pas rompues à la pratique du milieu climatérique, économique et social de l'Afrique du Nord.

Quant aux capitaux qu'il est nécessaire d'engager pour la mise en marche d'une entreprise agricole, ils diffèrent essentiellement, cela va sans dire, selon qu'il s'agit d'un domaine de grande (au delà de 400 hectares) ou de

(1) L'Office du Protectorat à Paris [illegible] conditions dans lesquelles ces stages peuvent être effectués.

moyenne colonisation (100 à 400 hectares). La petite colonisation rurale ne saurait être préconisée pour l'instant, sauf le cas d'une exploitation maraîchère, aux environs des villes, qui exige cependant une mise de fonds relativement importante.

Il ne faut pas dissimuler que, en l'état actuel de l'outillage économique, il serait imprudent de pratiquer la grande culture directe, si l'on ne disposait pas d'importants capitaux, permettant d'attendre sans inconvénients la réalisation des bénéfices. La valeur d'achat des terres, variant de 80 à 1.000 francs l'hectare, selon leur qualité et le plus ou moins grand éloignement d'un centre, ne représente en effet qu'une faible part des dépenses à engager (environ un tiers).

Quant au colon moyen, il ne se contente généralement pas de la mise en valeur de sa propriété, et, pour étendre son champ d'action, il pratique avec ses voisins indigènes *la culture en association*, qui occupe également l'activité d'un certain nombre d'Européens non propriétaires, mais résidant dans un centre rural, où ils s'occupent quelquefois simultanément de commerce.

L'association avec l'indigène, qui permet aux colons de n'engager qu'un capital restreint, est susceptible de lui procurer d'intéressants bénéfices, à condition bien entendu qu'il surveille exactement ses associés. D'autre part, ce système de culture permet de gagner la confiance des indigènes, de se renseigner à loisir sur les possesseurs de terres à vendre et de ne traiter les achats qu'en connaissance de cause.

Les modalités des contrats d'association, bien que fort variables suivant les traditions locales, sont cependant basées sur les principes suivants : l'apport du terrain est considéré comme donnant droit au cinquième de la récolte ; celui qui fournit la main-d'œuvre prélève également le cinquième ; celui qui procure les animaux et le matériel touche aussi le cinquième ; enfin, celui qui avance les semences prend les deux cinquièmes.

Il existe donc de nombreuses combinaisons d'association pour les cultures d'automne ou de printemps, qui sont généralement contractées pour une seule année.

LES CULTURES PRATIQUÉES AU MAROC

I. *Cultures alimentaires.* — Les cultures alimentaires qui font la base des exploitations indigènes comprennent, par ordre d'importance : le blé dur, l'orge, le maïs, le sorgho, les fèves, les lentilles, les pois chiches. De grandes quantités de ces produits sont exportées chaque année, les blés durs marocains étant très appréciés par la meunerie européenne, et les orges (escourgeons) étant employées par la brasserie et la malterie anglaise, belge et française.

II. *Cultures pour l'exportation.* — Les principales sont celles du lin (pour la graine), du fenugrec, de la coriandre, du cumin, du carvi ; ces dernières graines sont utilisées principalement par la pâtisserie et la distillerie.

Au point de vue arboricole, les indigènes récoltent en assez grande abondance les olives, avec lesquelles, faute de soins, ils fabriquent une huile assez médiocre ; dans la région de Mogador, les fruits de l'arganier servent à la préparation d'une huile (extraite de l'amande) utilisée pour l'alimentation.

Il existe au Maroc d'assez grandes surfaces complantées en vignes ; on trouve également sur les marchés beaucoup d'oranges, de citrons, de mandarines, de grenades, de coings, de pommes, de poires ; les prunes, les noix, et même les cerises se trouvent sur les marchés de Meknès et de Fès.

En dehors de ces diverses cultures, les colons européens produisent déjà en quantités notables le blé tendre et l'avoine, dont les emblavures s'accroissent rapidement. Quelques vignobles sont déjà constitués soit en producteurs directs, soit en plants américains.

La culture maraîchère aux environs des principales villes est susceptible de fournir d'importants bénéfices, en raison des prix très élevés auxquels se vendent les légumes, les fruits, le lait et le beurre, les œufs, les volailles, etc.

Les cultures maraîchères, pratiquées d'une façon intensive, n'exigent pas de grandes surfaces, et sur quelques hectares, il est possible d'obtenir une production variée et abondante, à condition que le terrain soit de bonne qualité et que l'on dispose d'eau d'irrigation en quantité importante.

Une exploitation de ce genre ne peut évidemment donner de bénéfices que si elle est conduite par un horticulteur compétent et assidu au travail, habile en outre à dresser la main-d'œuvre indigène à des travaux relativement minutieux.

L'ÉLEVAGE

L'élevage des bovins et des ovins est le complément naturel de tout domaine agricole; mais il faut signaler aux agriculteurs qui seraient désireux de se spécialiser dans cette branche que le Maroc se prête difficilement à la création de grandes entreprises d'élevage, comme il en existe aux Etats-Unis ou en Argentine; la propriété est généralement trop morcelée pour permettre l'entretien de troupeaux très nombreux. Les épizooties qui atteignent quelquefois le bétail, principalement après les époques de disette, constituent en outre un obstacle au rassemblement de forts troupeaux, qu'il est préférable de disséminer sur des points différents.

Les races de bovins et d'ovins acclimatées au Maroc sont fort intéressantes: bovins d'un format plus développé que ceux de l'Algérie, moutons d'assez grande taille, issus de mérinos, et dont la laine est fort appréciée sur les marchés européens, porcs très rustiques et d'une précocité relativement satisfaisante. Les agriculteurs susceptibles d'assurer à leurs troupeaux un abri contre les intempéries, un abreuvement régulier et des réserves fourragères pour la mauvaise saison, sont assurés d'obtenir des animaux bien en chair faisant prime sur les marchés. La spéculation sur le bétail, acheté maigre à la mauvaise saison, et revendu après quelques mois de bon entretien, assure généralement un bénéfice qui n'est pas inférieur à 15 ou 20% du capital engagé.

Le service de l'Elevage, assuré par des vétérinaires militaires ou civils, fonctionne déjà dans un certain nombre de centres d'élevage, et des tournées d'inspection sont pratiquées régulièrement en vue de prévenir et d'enrayer les maladies épizootiques.

Beaucoup de colons ont recours, en matière d'élevage, à l'association avec les indigènes, et utilisent ainsi indirectement les terres de parcours appartenant collectivement aux tribus.

Pour l'élevage des bovidés, le mode d'association le plus courant est le suivant :

Le capitaliste confie à l'indigène un troupeau dont la valeur est estimée par contrat, d'un commun accord entre les deux parties. Au bout d'un an, les animaux sont vendus ou estimés à nouveau, et les bénéfices, diminués des frais de gardiennage, d'installations diverses, etc., sont partagés à raison de deux tiers pour le bailleur de fonds et d'un tiers pour son associé.

En ce qui concerne les ovins, l'indigène à qui l'on a confié le troupeau en rembourse chaque année, pendant quatre années consécutives, le quart de la valeur; il utilise pour ces remboursements les fonds provenant de la vente des laines et des agneaux. A l'expiration de la quatrième année, le troupeau est vendu et le prix est partagé par moitié, une fois les frais de gardiennage déduits.

L'élevage des porcs s'est rapidement développé au cours de ces dernières années.

IV. — LES FORÊTS

La superficie totale des forêts de la zone française est d'environ 1.500.000 hectares répartis dans trois zones distinctes :

Sur la Côte. — La zone du chêne-liège comprend le massif de la Mamora (187.000 hectares), composé de chêne-liège en mélange, sur certains points, avec le poirier sauvage; les forêts des Sehouls, de Boulhaut, des Zaers, d'Harcha. Cette zone comprend au total 250.000 hectares environ.

Dans le Moyen-Atlas. — La zone du cèdre s'étend du pays des Beni Ouaraïn au Tadla et couvre une superficie d'au moins 150.000 hectares, tandis que le chêne vert, le pin d'Alep, le chêne zéen qui s'y trouvent en mélange occupent 200.000 hectares.

Dans le Sud. — De Mogador à Agadir, la zone de l'arganier, en mélange au thuya et au genévrier de Phénicie, couvre 400.000 hectares.

Ces chiffres n'indiquent pas de façon précise la superficie totale des forêts du Maroc puisque la plupart des massifs forestiers se trouvent en montagne dans la zone non encore soumise à notre influence.

La zone du chêne-liège a été le théâtre de dévastations sans nombre du fait des écorceurs et charbonniers indigènes; le Service forestier est intervenu par des mesures appropriées, et c'est ainsi que la grande forêt de Mamora a pu être sauvée de la ruine qui la menaçait. Ces mêmes mesures seront progressivement étendues aux autres massifs de la côte. D'importants travaux de démasclage, de recépage et d'établissement de tranchées de protection contre l'incendie ont été déjà exécutés, tandis que se poursuivaient la fabrication du charbon et la récolte de l'écorce à tan en vue de l'approvisionnement de Rabat et de Salé. Les produits actuels sont : pour le chêne-liège, le liège mâle, le charbon, le tannin ; pour le poirier et le thuya, le bois d'ébénisterie et de menuiserie.

V. — L'EXPLOITATION MINIÈRE

Un dahir du 15 septembre 1923 réglemente la recherche et l'exploitation des mines. Ce règlement distingue entre cinq catégories de substances minérales auxquelles il s'applique et les carrières et tourbières qui sont soumises à des règles spéciales. La recherche et l'exploitation des phosphates sont réservées à l'Etat.

Il ne peut être effectué de travaux de recherche de mines qu'en vertu d'un permis de recherche de trois ans, renouvelable et dans le périmètre d'un carré ne dépassant pas quatre kilomètres comme longueur de côtés, orientés suivant la direction Nord-Sud et Est-Ouest vrais. La taxe annuelle est de 500 francs pour les gîtes de première, deuxième et troisième catégorie et de 1.000 francs pour les gîtes de quatrième catégorie (hydrocarbures, schistes, asphaltes).

Une mine ne peut être exploitée qu'en vertu d'un permis d'exploitation accordé par dahir du Sultan, après institution d'un permis de recherche ou en vertu d'une concession faisant suite au permis d'exploitation.

Le périmètre doit être contenu tout entier à l'intérieur du périmètre des permis de recherche, suivant un rectangle de même orientation, dont le petit côté n'est pas inférieur au quart du grand et d'une superficie minima de cent hectares : la taxe de demande est de 2.200 francs.

Le permis d'exploitation est valable cinq ans (taxe annuelle et progressive par hectare, variable suivant les catégories de gîte). La prorogation du permis pour une période de cinq ans peut être demandée.

La concession d'une mine ne peut être obtenue que par le titulaire d'un permis d'exploitation en action.

La durée des concessions est fixée à 75 ans pour les mines des trois premières catégories et à 30 ans pour les mines de la quatrième catégorie. Renouvellement possible de 25 ans. Déchéance en cas de non paiement de taxe, d'insuffisance d'activité pour la quatrième catégorie ou de non maintien en état d'exploitation.

Le permis de recherche constitue un droit mobilier; le permis d'exploitation et la concession un droit immobilier, de durée limitée et distinct de la propriété du sol.

Dans certains terrains désignés par dahirs, le droit de recherche et d'exploitation peut n'être accordé que par voie d'adjudication. Il peut aussi être suspendu par mesure générale et pour des motifs de sécurité.

Il est perçu à l'exportation, aux frontières terrestres et maritimes, une taxe *ad valorem* de 3% qui sera portée à 5% à partir du 1er janvier 1925 sur le produit des mines brut ou transformé.

Les demandes de permis de recherche sont déposées au Bureau du Service des mines de Rabat et enregistrées sur un registre spécial. Les demandes par la poste ne sont pas admises.

Gisements miniers

Les travaux de recherches ou d'exploitation effectués jusqu'à ce jour sont peu nombreux.

Phosphates. — La formation phosphatée est extrêmement étendue ; à la suite des travaux de recherches effectués par le Protectorat, l'Office Chérifien des Phosphates a entrepris, sur le plateau des Oulad Abdoun, une exploitation qui est en pleine activité.

Pétrole. — Des suintements de naphte et des sources salines sont signalés tout le long de l'arc rifain et l'exploitation du pétrole a commencé dans la région.

Manganèse. — On a reconnu l'existence du minerai de manganèse dans le Maroc Oriental ; il s'agit tantôt de gîtes filoniens en roches éruptives, tantôt de couches interstratifiées dans les calcaires. En dehors de ce qui précède, on ne possède, sur les gîtes situés en zone ouverte, que des renseignements d'ordre minéralogiques.

Cuivre. — Des prospection actives sont en cours dans la région d'Ammismiz à 60 kilomètres au Sud de Marrakech.

VI. — LA PÊCHE

A) La pêche maritime. — Les ressources ichtyologiques de la côte atlantique du Maroc sont extrêmement abondantes et variées, la faune marine trouvant dans ces parages des conditions biologiques favorables à son développement. Toutefois, les espèces pêchées sur la côte du Maroc jusqu'à Agadir n'auraient aucun rapport avec celles pêchées plus au Sud et classées comme espèces des bancs sahariens. Les espèces de poissons pêchées au Maroc ne diffèrent pas de celles de l'Atlantique Nord et de la Méditerranée. Toutes se prêtent aussi bien à la vente comme poissons frais conservés dans la glace, que comme poissons salés, séchés ou fumés.

On peut diviser en trois catégories d'espèces les différents poissons rencontrés sur le littoral marocain :

1° Les poissons migrateurs comprenant : la bonite, le maquereau, la sardine, le capitaine et la courbine ;

2° Les poissons habitant les côtes à des profondeurs assez grandes : le Saint-Pierre, le rouget, la galinette, la sole, le turbot, la barbue, la raie, la pageot, le chien de mer, le homard, la langouste, le crabe, l'araignée de mer, la seiche, le poulpe, la moule, le clovisse, l'huître ;

3° Les poissons des petits fonds habitant les algues, les sables et les bancs de rochers : le merlan, le congre, la murène, le sard, le loup, la rascasse, le mulet, la dorade, le meraud, l'alose.

Les lieux de pêche sont Fedhala, Mazagan, Safi et Mogador.

B) La pêche fluviale. — Les oueds marocains sont très poissonneux, mais l'Oum er Rebia est de beaucoup le plus peuplé. Une très grande quantité d'aloses remontent ce fleuve à certaines époques de l'année. Azemmour serait un centre tout désigné pour la création d'une entreprise de pêche également dans l'oued Sebou et le Bou Regreg. Un certain nombre d'espèces marines remontent les cours d'eau : vive, mulet, anguille.

La pêche fluviale fait au Maroc l'objet d'une législation particulière. Le Makhzen en possède le monopole et chaque année afferme l'exploitation.

C) La réglementation de la pêche. — Un dahir du 31 mars 1919 a réglementé la pêche maritime au Maroc. Il considère comme pêche maritime toute pêche faite à la mer, sur les côtes, dans les étangs et lacs salés et dans les fleuves, rivières ou canaux communiquant directement ou indirectement avec la mer. La mer territoriale s'étend, au point de vue de la pêche, à 6 milles marins à partir de la laisse de basse-mer. La pêche est assujettie, dans cette zone, au paiement d'une licence qui varie avec l'importance de l'embarcation (10 à 50 francs par an). Ce texte règle également la question des filets, des appâts et des procédés de pêche.

Deux autres dahirs, l'un du 31 décembre 1921, l'autre du 25 mars 1922, réglementent la pêche de la langouste et du homard, et l'exercice de la pêche en flotte.

Au point de vue douanier, les poissons pêchés sur les côtes du Maroc par des navires français peuvent être introduits en France en franchise de douane, alors même qu'ils auraient été mis à terre pour être salés et séchés entre le moment de leur capture et leur importation en France ou qu'ils auraient été préparés avec du sel indigène ou étranger.

CHAPITRE IV

LE COMMERCE

§ I

INDICATIONS GÉNÉRALES

Le commerce d'importation est, à l'heure actuelle, beaucoup plus développé que le commerce d'exportation. Ceci tient, d'une part, à ce que le Maroc est un pays essentiellement d'agriculture et d'élevage qui, jusqu'ici, a eu besoin pour lui-même des produits de son sol et qui, d'autre part, n'est pas encore suffisamment outillé pour la production industrielle. Mais cette situation n'est que temporaire et l'on peut prévoir que, le jour où il possèdera, avec le réseau ferré à voie normale, les sources d'énergie — pétrole, houille, blanche — nécessaires à toute industrie, le Maroc, dûment équipé, verra les conditions de sa balance commerciale se modifier.

Sur le terrain même de l'égalité économique imposée par les traités, la France tend de plus en plus à prendre la première place dans le commerce du Maroc. Il n'y a aucune raison — que nos industriels, que nos commerçants le sachent — pour que celle-ci ne lui revienne pas.

§ II

QUELS SONT LES PRODUITS QUE LE MAROC VEND ET ACHÈTE

A. — EXPORTATION

Le commerce d'exportation en gros est pratiqué par de vieilles maisons indigènes et européennes. Le plus souvent, ces firmes sont importatrices de marchandises en gros et pratiquent le système de l'association agricole avec les indigènes. Ce commerce nécessite, en général, l'immobilisation de capitaux importants.

Les produits d'exportation comprennent les animaux vivants (bœufs, porcs, volailles); les dépouilles animales (crins et poils de chèvres, laines, œufs, peaux); les céréales et graines (blés, orges, maïs, fèves, lentilles, pois chiches, alpistes, graines de lin, coriandres, cumins, fenugrec); les fruits (oranges, amandes, dattes, noix); les gommes; les plantes industrielles (arbustes résineux, henné, palmiers nains, chanvres à fumer, feuilles de rose, alfa, takaout); les huiles d'olive et d'argan; les articles fabriqués (babouches, bourses et sacoches en cuir, haïks, djellabas, tapis de laine, poteries, plateaux en cuivre, fusils, etc.). Prohibée pendant la guerre, en raison des nécessités du moment, la sortie de ces produits est aujourd'hui généralement libre.

B. — IMPORTATION

L'importation au Maroc est libre.

Toutefois, ce principe comporte une double exception :

1° En ce qui concerne la nature des marchandises. — Certaines d'entre elles sont prohibées : armes de guerre, pièces d'armes, munitions; absinthe et produits similaires.

Certaines autres sont soumises à la formalité de l'autorisation préalable : explosifs, armes de chasse et de luxe ; soufre ; opium ; tabacs ; alambics.

2° En ce qui concerne leur provenance. — L'interdiction du commerce avec l'Allemagne, portée pendant la guerre, demeure la règle.

Toutefois, le Gouvernement du Protectorat s'est réservé d'autoriser, par voie de dérogation spéciale, l'entrée de certains articles dans la mesure où il le croira utile aux intérêts économiques du Protectorat. Les demandes doivent être établies sur des formules mises à la disposition du public dans les Offices et Bureaux économiques, ainsi que dans les Bureaux de Douane, et adressées à M. le Directeur général de l'Agriculture (Service du Commerce et de l'Industrie, Rabat).

Les principaux articles pour indigènes sont : le sucre, les cotonnades, le thé, les bougies de paraffine, les semoules, le savon, les épices, les épices, la quincaillerie, la bimbeloterie de qualité inférieure, les draps et soieries, les fils de soie et de coton, etc.

Les principaux articles de consommation européenne sont les matériaux de construction (bois, fers, ciments, chaux, briques, etc.), les produits alimentaires (épicerie, conserves, pâtés, vins, liqueurs), les farines, les vêtements, les machines et articles similaires (carrosserie, instruments agricoles, quincaillerie), les tabacs, les articles de bazar (parfumerie, articles de Paris, meubles), le pétrole. Les indigènes sont, du reste, acheteurs de certains articles d'usage courant chez les Européens.

§ III

DROITS A PAYER PAR LES MARCHANDISES

Droits de douane

Le régime douanier du Maroc comprend des droits à l'importation et à l'exportation qui sont identiques pour toutes les puissances, l'Allemagne exceptée.

A. — IMPORTATION

Le régime est différent selon qu'il s'agit de la frontière algéro-marocaine ou de la frontière maritime.

DROITS D'IMPORTATION AU MAROC PAR LA FRONTIÈRE ALGÉRO-MAROCAINE. — Ces droits sont uniformément de 5% *ad valorem.*

Toutefois, les produits et marchandises passant de la zone du Maroc oriental dans la zone du Maroc occidental acquittent, à Taza, une taxe supplémentaire égale à la différence entre les droits qu'ils ont déjà acquittés à la frontière et ceux dont ils auraient été frappés s'ils avaient été importés par les ports.

DROITS D'ENTRÉE PAR MER. — Les marchandises d'origine étrangère de toute provenance acquittent à l'importation des droits (droit d'importation et taxe spéciale) qui s'élèvent en total à 12 1/2% de la valeur de la marchandise rendue aux bureaux de la douane (commerce et fret compris), à l'exception des produits ci-dessous qui ne paient qu'un droit de 7 1/2% *ad valorem* :

Tissus de soie pure ou mélangée, à l'exception de la soie artificielle, des doublures, garnitures de vêtement, etc. ;
Or et argent en lingots ;
Bijoux d'or et d'argent ;
Boîtiers de montres, en or ou en argent, sans mouvements enrichis ou non de pierres vraies ou fausses ;
Fils d'or, d'argent, dorés ou argentés ;
Galons d'or, d'argent, dorés ou argentés ;
Pierres précieuses ou fausses ;
Rubis ;
Vins, bières, vinaigres, alcools de menthe et liquides distillés de toutes espèces ;
Pâtes alimentaires.

Le montant des droits est calculé sur la valeur de la marchandise au comptant et en gros, rendue au bureau de la douane.

Ne paient enfin qu'un droit de 2 1/2% les marchandises ci-dessous :

1° Phosphates et superphosphates de chaux ;

2° Scories phosphatées et phosphates métallurgiques ;
3° Sulfate d'ammoniaque (guano artificiel) ;
4° Guano du Pérou et poudrettes ;
5° Toutes autres matières considérées comme propres à la fertilisation des terres, mais non susceptibles d'être utilisées autrement que comme engrais ;
6° Certains articles de matériel agricole ;
7° Les épaves provenant de navires naufragés, lorsque le bâtiment a été abandonné par l'équipage et le propriétaire.

A ces divers droits, il y a lieu d'ajouter, *pour les marchandises venant d'Allemagne et dont l'importation a été autorisée*, une taxe spéciale, qui est de 25% *ad valorem* quand elles sont importées en droiture ; de 30% dans le cas contraire.

B. — EXPORTATION

Droits d'exportation par les ports ouverts. — Presque tous les droits sont spécifiques. Il n'est fait exception que pour les articles suivants qui paient 5% *ad valorem* : tapis, plateaux de cuivre, petits pois verts, oignons, pommes de terre, citrouilles et bananes.

Droits d'exportation par la frontière algéro-marocaine. — Ces droits sont, à l'heure actuelle, les mêmes que ceux qui frappent les marchandises sortant par les ports.

Produits marocains à leur entrée en France et en Algérie. — Sont admis en franchise, dans les limites d'un contingentement annuel et sous condition de certificat d'origine, un grand nombre de produits : animaux vivants, viandes fraîches et frigorifiées, œufs, céréales, légumes secs, fruits secs et frais, à l'exception des raisins secs ou de vendange et leurs dérivés, huiles, laines, peaux brutes et préparées, bois, textiles, tapis, estampilles, nattes, phosphates, etc. Les autres articles bénéficient du tarif minimum.

Produits marocains à leur entrée en Algérie par terre. — Ces produits sont soumis à leur entrée en Algérie au même régime qu'à leur entrée en France (voir ci-dessus).

MOUVEMENT GÉNÉRAL DU COMMERCE

Le commerce du Maroc français a plus que doublé dans les cinq années qui ont précédé la guerre comme en témoigne le tableau ci-après :

	Importations — francs	Exportations — francs	Totaux — francs
1909....	57.389.485	44.119.240	101.508.725
1910....	50.845.590	43.792.668	94.638.258
1911....	69.261.209	70.437.781	139.698.990
1912....	110.657.334	67.081.383	177.737.717
1913....	181.426.043	40.180.291	221.607.234
1914....	132.958.200	31.041.437	163.999.637
1915....	180.132.786	55.807.459	235.940.245
1916....	228.983.198	81.870.990	310.854.188
1917....	270.090.537	116.148.081	386.238.618
1918....	314.379.981	114.965.416	429.345.397
1919....	480.787.396	227.742.457	708.539.753
1920....	1.000.474.464	268.875.057	1.269.349.521
1921....	909.164.260	306.446.857	1.215.611.117
1922 (1).	777.675.725	237.466.429	1.015.142.154
1923 (1).	779.750.709	272.384.263	1.052.134.972

Le commerce avec l'Algérie par terre entre dans ces totaux pour les valeurs ci-après :

	Importations —	Exportations —
1909..............	9.810.000 fr.	7.374.000 fr.
1910..............	10.199.000	14.148.000
1911..............	16.362.000	15.405.000
1912..............	18.178.000	8.998.000
1913..............	31.632.000	9.320.000
1914..............	28.743.000	9.164.000
1915..............	31.728.000	7.117.000
1916..............	50.994.000	13.367.000
1917..............	54.380.000	12.279.000
1918..............	58.800.000	17.923.000
1919..............	118.523.000	20.625.000
1920..............	188.323.000	24.897.000
1921..............	158.929.000	50.657.000
1922..............	160.124.000	30.443.000
1923..............	174.247.147	27.214.711

(1) Chiffres provisoires.

De l'examen détaillé des statistiques, il ressort que dans ce trafic général la France occupe le premier rang, bien avant l'Angleterre, l'Allemagne, l'Espagne et l'Italie.

En 1922, les principales marchandises importées dans le Protectorat ont été les suivantes :

	Quantités (tonnes)	Valeur
Tissus de coton	6.994,4	108.160.700 fr.
Tissus de laine	480,6	12.602.500
Soies (grèges et tissus...	86,5	7.616.100
Machines	5.074,6	24.877.500
Automobiles	2.039,1	14.564.500
Pétrole..............	4.048	4.090.600
Essence.............	18.155,9	19.037.600
Houille	81.205	10.488.500
Fers................	9.745,7	6.859.300
Bois................	46.151,4	17.774.800
Ciment..............	69.438	12.244.100
Chaux	37.577	4.906.900
Bougies.............	5.802,3	14.074.000
Savons	3.878,9	7.307.700
Sucre...............	75.094,5	128.784.600
Café................	1.475,6	4.766.000
Thé	4.374,1	29.271.900
Vins	264.483 hectol.	23.642.600
Alcools.............	11.819 d°	5.847.200

Les principaux produits marocains d'exportation ont été :

	Tonnes	Valeur
Céréales (blé, orge, maïs).....	143.040	62.919.300 fr.
Pois chiches	20.550	10.244.600
Fèves	29.890	17.898.800
Amandes	2.090	9.829.800
Graines de lin............	5.710	5.777.600
Alpiste	2.700	2.559.400
Coriande..................	1.540	932.200
Cumin.....................	200	504.900
Fenugrec	1.444	842.400
Gommes (sandaraque et arab.)	280	123.280
Cire brute	118	509.400
Œufs de volaille..........	95.219 kgr.	42.252.100
Peaux	2.840 d°	8.811.000
Laines....................	1.758 d°	4.580.200
Chiffons	829 d°	1.008.400

Si, d'autre part, on consulte le mouvement général de la navigation dans les ports français du Maroc, on remarque une supériorité évidente de notre pavillon sur les pavillons étrangers. Dans le cours de l'année 1918, plus de 1.800 navires avaient fréquenté les ports de Kenitra, Rabat, Casablanca, Mazagan, Mogador et Safi. Sur ce total, 692 navires, d'un tonnage global de 772.739 tonnes, étaient français, 868 espagnols, 310 anglais et 158 allemands. En 1923, le mouvement des ports du Protectorat (entrées et sorties) a été de 4.934 navires, dont 2.349 français, 635 anglais, 873 espagnols.

§ V

CONSEILS AUX COMMERÇANTS

Commerce de demi-gros et de détail

Il y a lieu de conseiller aux petits et moyens commerçants de ne s'installer qu'avec circonspection, en raison de la concurrence européenne et indigène et du nombre déjà considérable de commerçants installés dans la plupart des villes du Protectorat.

A Casablanca et à Rabat, les articles d'usage exclusivement européen trouvent des débouchés intéressants parmi la clientèle européenne et israélite. Cette clientèle est plus réduite dans les autres ports et dans les villes de l'intérieur.

En ce qui concerne les articles pour indigènes, leur commerce ne peut être pratiqué au détail que par des boutiquiers musulmans ou israélites.

Dans les localités où la population européenne atteint de 1.000 à 2.000 âmes (sans compter la garnison), il est nécessaire de grouper différentes spécialités, par exemple l'épicerie, la charcuterie et la boulangerie, la confection, les chaussures et la mercerie; les articles de bazar et la quincaillerie; la droguerie et la peinture en bâtiments; la pharmacie et les articles de photographie.

En général, une concurrence active s'exerce sur les produits alimentaires.

Avant d'installer un magasin ou une boutique dans une ville marocaine, l'intéressé devra soit faire un voyage sur place, soit écrire, pour se renseigner à l'Office du Protectorat de la République Française à Paris, 19, rue d'Argenteuil.

Procédés commerciaux

Il est essentiel due les représentants et agents de maisons françaises dans les villes marocaines visitent régulièrement et fréquemment la clientèle indigène, qu'ils possèdent un échantillonnage très complet et très varié des articles dans lesquels ils se sont spécialisés. C'est en voyant et en manipulant les produits que les négociants marocains seront tentés de passer de nouveaux ordres.

A défaut de Français, on peut avoir comme agents, représentants ou commissionnaires, des indigènes algériens ou tunisiens, des Israélites algériens, tunisiens ou marocains. Néanmoins, des représentants français de la Métropole, ayant des relations personnelles avec les maisons d'une ville ou d'une région de la France qu'ils représentent, constitueraient un excellent noyau d'agents au bénéfice de l'importation française.

Parmi les solutions pratiques, on peut préconiser l'installation dans les grandes villes du Maroc, de dépôts d'échantillons et de stocks de marchandises non périssables confiés à des agents spécialement choisis et appointés, — pendant la première ou les deux premières années tout au moins — par une association régionale de fabricants produisant des articles différents.

Les maisons de France qui cherchent à entrer en relation avec les commerçants établis au Maroc pourront facilement se procurer à l'Office du Protectorat de la République Française au Maroc, à Paris, les renseignements qui leur sont nécessaires.

La fabrication et les gouts de la clientèle. — La grosse majorité des Marocains, musulmans ou israélites, recherche les articles d'importation bon marché. Il n'est cependant pas défendu de songer à lui imposer des produits de fabrication plus soignée, et par conséquent plus coûteux. L'essentiel, en cette matière, est de bien se pénétrer des goûts des indigènes, de façon à leur présenter des articles susceptibles de les intéresser et non de leur offrir des produits dont ils n'auraient pas l'usage ou qui ne répondraient pas à leurs désirs. Ce doit être là une des principales préoccupations des maisons qui ont l'intention de faire du commerce avec le Maroc.

Les conditions de vente. — La vente des marchandises aux négociants indigènes se fait soit *fob* (franco-bord), soit *caf* (coût, assurance et fret) dans un port marocain. Il est indispensable d'opérer ainsi, les indigènes ou les maisons européennes à clientèle indigène se refusent à commander les marchandises dont les prix sont cotés prises à l'usine, à la maison de commission, en gare, ou même au port d'embarquement.

Les Marocains, même aisés, n'aiment pas payer comptant. Ils tiennent à avoir de longs délais de paiement, dussent ces délais entraîner des intérêts assez élevés.

Par conséquent, au point de vue des paiements, les maisons françaises ne doivent pas hésiter à consentir d'assez longs crédits (90 à 120 jours), renouvelables moyennant un intérêt basé sur le taux d'escompte de la Banque de France aux clients européens et indigènes connus comme très sérieux et de tout repos. Leur représentant au Maroc pourra, d'autre part, s'entendre avec une banque locale pour accorder, le cas échéant, à des clients d'importance moyenne, offrant toutes garanties, des délais de paiement avec intérêts d'usage.

Les intéressés pourront d'ailleurs trouver, sur les commerçants européens et indigènes du Maroc, des renseignements auprès des banques françaises qui ont des agences dans la plupart des villes marocaines. Toutes es banques ont, du reste, une succursale importante à Casablanca.

Les emballages. — Les emballages doivent être particulièrement soignés à cause des difficultés de débarquements et de manipulations très rudes que subissent les colis sur rade et au cours des transports terrestres (caravanes).

§ V

RENSEIGNEMENTS DIVERS

Crédit et monnaie

On pourrait apprécier la puissance de l'essor économique du Maroc à l'importance sans cesse croissante du mouvement des fonds dans les Banques. Les Sociétés financières s'installent chaque jour à Casablanca et Rabat notamment.

Voici une liste des établissements de crédit existant au Maroc :

Banque d'Etat du Maroc. — Tanger. Agences à Casablanca, Marrakech, Rabat, Oudjda, Mogador, Mazagan, Safi. — A Paris, 33, rue La Boétie.

Crédit Foncier d'Algérie et de Tunisie. — Agences à Rabat, Meknès, Oudjda, Safi, Fès, Mogador, Casablanca, Mazagan, Tanger et Kenitra. — A Paris, 43, rue Cambon.

Compagnie Algérienne. — Agences à Tanger, Casablanca, Mazagan, Rabat, Safi, Oudjda, Kenitra, Fès, Marrakech, Mogador. — A Paris, 50, rue d'Anjou.

Crédit Marocain. — Tanger, Casablanca, Rabat, Marrakech. — Siège social, à Cette.

Société Générale pour favoriser le développement de l'industrie et du commerce en France et à l'Etranger. — Tanger et Casablanca. — A Paris, 56, rue de Provence.

Banque Commerciale du Maroc. — Casablanca et Tanger. — A Paris, 10, rue Mogador.

Banque Algéro-Tunisienne. — Tanger, Rabat, Casablanca, Meknès, Fès, Oudjda, Marrakech, Safi. — A Paris, 226, boulevard Saint-Germain.

Banque française du Maroc. — A Paris, 14, rue de Courcelles.

Ces établissements pratiquent toutes opérations de banque et consentent des prêts hypothécaires, des crédits de campagne, des avances sur récolte.

Les capitaux ne sont pas rares au Maroc et si, généralement, le taux de l'escompte et des avances est demeuré celui de 7 à 8 %, s'élevant parfois à 8 1/2, on peut affirmer que ce n'est là que la résultante d'une habitude qui s'expliquait par la large rémunération de leurs capitaux et de leur travail que trouvaient au Maroc les négociants.

Longtemps a persisté la légende que le Marocain ne payait pas. En fait, s'il respectait difficilement les échéances, son excuse était simple et logique. Obligé continuellement de traiter ses affaires en deux monnaies, la monnaie d'or ou le franc qu'il devait rechercher pour effectuer ses achats en Europe, le hassani qu'il recevait de l'indigène en paiement de ses marchandises importées, il se trouvait quelquefois devant les variations brusques du change, dans l'impossibilité de convertir sans perte sa monnaie, le *hassani*, en franc.

Mais l'apparition de notre monnaie sur les marchés suivie de la démonétisation du hassani, en assurant au pays le bénéfice d'une monnaie à valeur fixe, a facilité les transactions commerciales et les échéances se payent avec beaucoup plus de régularité.

Les billets de la Banque d'Etat du Maroc sont la seule monnaie fiduciaire ayant cours légal.

Poids et mesures

Voici quelques-unes des unités indigènes les plus employées jusqu'à ce jour :

Mesures de longueur..	Qama (arpentage)	1 m. 50 env.
	Draa...........	0 m. 50 —
	Qala (étoffes)....	0 m. 54 —
Mesures de capacité..	Moudd.........	64 litres env.
	1/2 Moudd.....	32 — —
Mesures de poids.....	Quantar attari..	50 kil. env.
	— baqqali.	80 — —
	— guezzari	100 — —
	— Retal...	1 — —

Le système métrique a été rendu obligatoire par le dahir du 29 août 1923.

CHAPITRE V

L'INDUSTRIE

L'industrie européenne commence à se développer au Maroc et voit s'ouvrir devant elle un avenir intéressant, tandis que le Protectorat s'efforce de maintenir et de protéger la petite industrie indigène.

Les industries européennes

Les industries européennes qui se sont établies depuis 1918 se rapportent principalement à l'alimentation, à la construction, aux scieries. Il existe également quelques établissements ayant pour objet la distribution de l'eau, de l'électricité, les constructions métallurgiques, la pêche. C'est surtout dans les régions de Casablanca et de Rabat que ces industries se sont développées; ailleurs, elles sont peu importantes dans l'ensemble, quoique de nouvelles exploitations industrielles s'installent dans différents centres.

Dans la région de Casablanca, l'industrie européenne a pris une notable extension. Ses usines utilisent une force motrice supérieure à 19.000 H. P. et emploient plus de 6.000 ouvriers européens ou indigènes. 234 millions de capitaux sont engagés dans les affaires industrielles. Casablanca compte cinq grandes minoteries, sept fabriques de pâtes alimentaires, des boulangeries à pétrins mécaniques, des fabriques de glace, limonades, eaux gazeuses, une brasserie, etc.

Vingt-et-un millions de capitaux sont engagés dans des usines de chaux et de ciment, des briqueteries, fabriques de carreaux. La production de ces usines est encore insuffisante pour les besoins locaux.

Treize importantes menuiseries et scieries mécaniques emploient près de 500 européens et indigènes.

A signaler encore des fonderies, des serrureries et un certain nombre d'établissements faisant la construction et la réparation du matériel agricole et industriel, une fabrique d'explosifs et un nombre considérable de fabriques de crin végétal, ces dernières de création récente et installées pour la plupart avec un matériel de fortune.

Certaines industries ne sont pas encore représentées à Casablanca dont la création a déjà fait l'objet, ou pourra être l'objet, d'intéressantes études. C'est ainsi qu'il n'existe pas encore de distillerie, de laverie de laines, de verrerie, de filatures de laine, etc., etc.

A Rabat, l'alimentation occupe quinze établissements représentant trois millions de capitaux et employant plus de 100 ouvriers ; ils utilisent une force d'environ 250 H.P. La construction, qui comprend deux briqueteries, vingt-quatre menuiseries, deux cimenteries, englobe près de trois millions de capitaux, tandis que la métallurgie, la distribution de l'eau et de l'électricité, les tanneries, etc., représentent un capital de seize millions et utilisent une force de 1.800 H. P.

A Meknès, on compte trente établissements industriels engageant au total un capital de plus de douze millions. Les plus importants sont les minoteries, l'huilerie, la briqueterie, les scieries.

A Fès, il y a une trentaine d'usines représentant également un capital de quinze millions : pâtes alimentaires, glaces, huile, briquererie, ciment, chaux.

A Mazagan, vingt-cinq établissements, employant une centaine d'ouvriers et utilisant environ 200 H. P., représentent un capital d'environ un million. Ce sont des minoteries, des fabriques d'eaux gazeuses et de sirops, des menuiseries, des fabriques de crin végétal, etc.

Dans la région d'Oudjda, vint-et-un établissements employant près de 600 ouvriers et utilisant 350 H. P. (minoteries, scieries, fabriques de crin végétal, mines de manganèse).

Dans la région de Marrakech, enfin, on compte trente-et-un établissements : minoteries, huileries, pâtes alimentaires, glace, eaux gazeuses, limonade. Ils marchent avec une force de 500 H. P. et représentent un capital de près de six millions de francs.

Ce n'est là qu'un début, car nombreuses sont les industries qui restent à créer, ainsi que le démontrera un voyage d'études au Maroc.

Pour donner une idée à cet égard, nous indiquerons comme industries possibles, dans l'alimentation : des laiteries, beureries ; dans les installations industrielles : des ateliers de réparation de machines, d'électricité, des fabriques d'instruments agricoles ; dans le traitement des produits animaux : des tanneries, maroquineries, laveries de laine, fabriques de cire de miel, de harnachement et de tapis ; dans l'utilisation des produits du sol ; le crin végétal, la vannerie, la distillation de fleurs, les savonneries, les fours à plâtre et à chaux.

Les industries indigènes

La petite industrie indigène est représentée par les artisans des villes, groupées en corporations, gardant les traditions étroites du passé et fabriquant, suivant des usages immuables, des babouches, meubles, poteries, mosaïques, nattes, tapis, objets en cuivre, etc., dont certains, comme les nattes et les tapis (ceux de Rabat-Salé en particulier), sont de plus en plus appréciés en France. Aussi l'administration s'efforce-t-elle de protéger ces industries, de les guider et de les développer. C'est dans ce but qu'a été créé un Office des Industries d'art indigène à Rabat.

La main-d'œuvre et les salaires

Le tableau ci-après donne les prix des salaires payés dans les différentes régions du Maroc en novembre 1928 :

La main-d'œuvre agricole est presque uniquement indigène. Elle se paie de 4 francs à 8 francs par jour. Des journaliers espagnols et italiens sont, en outre, employés dans les Sociétés de colonisation.

D'une manière générale, les ouvriers spécialisés, et en particulier ceux du bâtiment, ne sont pas assez nombreux pour satisfaire à la demande.

Par contre la main-d'œuvre non spécialisée, ainsi que

DÉSIGNATION		CASABLANCA	RABAT	MEKNÈS	FEZ	MARRAKECH	OUDJDA
Maçons....	Européens...	18 à 27 fr.	24 à 30 fr.	30 à 35 fr.	35 fr.	20 à 25 fr.	18 à 20 fr.
	Indigènes....	15 à 16 50	20 à 24	17 à 20	18 à 20	12 à 15	15
Menuisiers.	Européens...	25 à 30	25 à 35	35 à 40	35	25 à 30	18 à 20
	Indigènes....	15 à 20	15 à 25	»	25	12 à 15	»
Peintres...	Européens...	20 à 30	15 à 20	forfait	35	25	18
	Indigènes....	14 à 18	15 à 20	»	20	10	»
Plombiers..	Européens...	25 à 35	15 à 20	forfait	35	30	22
	Indigènes....	14 à 18	»	»	20	»	»
Manœuvres	Européens...	20 à 30	15 à 25	»	»	»	8 à 10
	Indigènes....	4 à 7	10 à 20	5	4 à 6	3	6 à 8

les employés de commerce, éprouvent de grandes difficultés à trouver des emplois.

CHAPITRE VI

RENSEIGNEMENTS POUR LES TOURISTES ET LES COLONS

I. — VIE COURANTE

Hygiène et soins médicaux. — Avec une bonne hygiène, on réduit au minimum les risques de maladies. On prendra la précaution de se faire vacciner contre la variole et, si besoin est, contre la fièvre typhoïde. Après quoi, le premier conseil à donner aux personnes qui viennent s'installer au Maroc, c'est de se préoccuper de l'habitation : « s'installer, tout est là ». D'ailleurs, si le colon européen veut tenir compte des conseils de l'expérience, il évitera facilement les affections connues pour être particulièrement fréquentes au Maroc.

L'assistance médicale est assurée aux Européens sous deux formes essentielles : la consultation et l'hospitalisation. Les consultations, dans les villes de Rabat et de Casablanca, sont données dans des centres spéciaux ; ailleurs, les Européens se rendent dans les infirmeries indigènes. La clientèle payante peut, à son gré, s'adresser aux médecins civils libres ou aux médecins du cadre du Service de la Santé et de l'Hygiène publiques. Les Européens sont hospitalisés dans les hôpitaux ou les ambulances de campagne du Service de Santé de la guerre. Des sections civiles y fonctionnent parfois comme hôpitaux annexes. Il existe un Institut anti-rabique à Rabat.

Habitation. — Dans les villes, il faut chercher à habiter autant que possible hors de l'agglomération indigène et assez loin des fleuves dont l'embouchure est plus ou moins marécageuse. Dans le bled, éviter soigneusement le voisinage des mares et des oueds. On détruira les nids à moustiques en désherbant et débuissonnant le terrain dans un rayon de 500 à 600 mètres autour de l'habitation.

Vêtement. — Beaucoup de personnes, sous prétexte que le Maroc est un pays chaud, composent leur vestiaire de vêtements légers (toile ou coutil). Or, le Maroc exige des vêtements de laine forts pour l'hiver et légers pour l'été. Il faut également adopter le système de coiffure le plus propre à éviter les insolations : la casquette est l'ennemie du colon. Les fortes chaussures qui empêchent le froid et l'humidité sont à recommander.

Communications postales et télégraphiques. — Les relations postales entre le Maroc et la France sont assurées par différentes voies : Casablanca-Bordeaux ; Casablanca-Marseille ; Casablanca-Tanger-Espagne et les lignes aériennes (Voir page 8).

Les relations télégraphiques sont assurées comme suit : câble sous-marin Casablanca-Brest ; ligne Rabat-Tanger et câbles Tanger-Oran-Marseille ; ligne Rabat-Taourirt-Oran et câble Oran-Marseille.

Au point de vue téléphonique, un réseau interurbain complet est actuellement en service dans tout le Maroc occidental.

Tarifs postaux. Affranchissements. — Les taxes postales sont, d'une manière générale, les mêmes qu'en France.

Le prix des télégrammes entre la France et le Maroc est de 0 fr. 30 par mot.

II. — TOURISME

Il n'est point prématuré de parler aujourd'hui de tourisme au Maroc. On ne saurait trop engager les touristes à venir passer les belles saisons (le printemps et l'automne) au Maghreb el Aqça, demeuré si longtemps rebelle à l'influence de la civilisation européenne. Ce n'est pas seulement Rabat, la perle de l'Océan, et Salé, l'ancien repaire des pirates, deux villes blanches à l'entrée du Bou Regreg dominé par la curieuse tour Hassan qu'il faut visiter. Le Méchouar de Meknès, la cité romaine de Volubilis, Fès, la cité sainte du Chérif Mouley Idriss avec ses architectures imitées de l'Alhambra et son caractère si médiéval, réservent aux touristes tout ce qu'ils pourront désirer d'imprévu. Enfin, par Marrakech, où la Koutoubia contemporaine de la Giralda de Séville attirera les amateurs d'art, et les villes curieuses de Mogador, Safi et Mazagan la Portugaise, le visiteur pourra terminer son voyage d'agrément au Maroc, sans oublier naturellement de pousser une pointe sur un des flancs boisés de l'Atlas où vit encore, dans son état social primitif, la race berbère, l'élément indigène le plus répandu dans le pays.

Depuis quelques années, la Compagnie Générale Transatlantique a organisé, au Maroc comme en Algérie et en Tunisie, des circuits automobiles qui permettent aux touristes pour un prix global de visiter confortablement les principales curiosités du Protectorat.

Voici d'ailleurs ci-dessous, à titre d'indication, quelques-unes des excursions à faire :

Azemmour

Ville très fermée sur l'Oum Er R'bia.

Excursion — Bois d'oranger de Mehioula, 17 kilom. Promenade en barque sur l'oued Oum Er R'bia

Berguent

Excursion. — Col de Djerada, 40 kilom.

Casablanca

Voir le port, la nouvelle ville indigène, promenades « les Roches Noires ». Anfa.

Demnat

Voir la cascade d'Imi n'fri.

Fès

Voir : Horm et Mosquée de Mouley Idriss, Mosquées et Médersas : El Qarouiyine, Bou Ananiya, Attarine. Palais et musées de Bou Jeloub, Dar el Beïda, Dar Batha, les rues, les souks, les foudouks, la grande rue de Fès Djedid, la Makina, Dar el Makhzen, le Mellah, la grande rue du Mellah.

Promenades. — Le tour de Fès par la route de Bab Segma à Bab Ftouh. Tombeaux et cimetières des Mérinides. Pont de l'oued Bou Kherareb.

Excursions. — Sidi Harazem, 12 kilom., village berbère. Marabout de Sidi Harazem ; source d'eau chaude, deux heures à cheval ou à dos de mulet. Sefrou, 33 kilom.. Ras el Ma, 14 kilom., village berbère, eau sulfureuse, beau point de vue.

Kenitra

Voir le port.

Promenades. — Forêt de la Mamora, intéressante au printemps par ses variétés de fleurs.

Excursions. — Méhedya, 7 kilom., à l'embouchure du Sebou, ancien port carthaginois et romain ; la Kasba, vieille forteresse portugaise, est curieuse par son dédale de tours et de bastions, sa porte nord-est et son Vieux Palais ruiné, dont le patio intérieur conserve encore des sculptures.

Lalla-Marnia

Voir Marché le samedi soir.

Excursion. — Oudjda, 28 kilomètres.

Marrakech

Voir le Minaret de la Koutoubia, le Palais de la Bahia (une autorisation délivrée par le bureau des services municipaux est nécessaire) ; les tombeaux des sultans de la dynastie Saadienne, la médersa, le jardin de l'ancien grand-vizir Ba-Hamed (autorisation délivrée par le service de l'agriculture); Jardins et bassins de l'Aguedal (entrée libre); Jardins et bassins de la Ménara, 2 kilom. (entrée libre); le Souk el Khémis (jeudi et vendredi); la Grande Palmeraie entourant la ville.

Promenade. — Le tour extérieur de la ville en auto.

Mazagan

Voir les fortifications, l'ancienne église portugaise, la salle d'Armes, la Citadelle, la plage.

Excursions. — Azemmour, 18 kilom.; Sidi Smaïn, 50 kil.; Sidi Ben Nour, 72 kil.; Guérando, 101 kil.; Moulay Abdallah, 10 kil. (ruines de la ville berbère de Tit, Cap Blanc); Kasba Oualidia, 84 kil.

Mechra bel ksiri

Voir le jardin d'essai; le marché du lundi.

Promenades. — Au nord du Sébou, rive gauche, dans les tamarins de la « Dakla » (passer le fleuve au moyen du bac). Visite d'une ferme type, Ferme Frun, rive gauche à un kilom. à l'ouest du bac; Kariat el Habassi, 7 kil. (agglomération indigène).

Excursions. — Aïn Kebir, 12 sources, jardins parmi les rochers (suivre la piste de Had Kourt, tourner à gauche du poteau indiquant l'Aïn Kebir, l'itinéraire est ensuite jalonné jusqu'à la source). Souk el Arba, 15 kil.; Arbaoua, 40 kil.; El Ksar el Kebir, 52 kil.

Meknès

Voir les Médersas: Bou Anania, Lilala, Attarine, Bab Mansour, la fontaine El Heddim, Bab Berdaïne, Bab Khémis, les Remparts, l'ancien Palais du Sultan Moulay Ismaïl, le grand bassin de l'Aguedal, le Dar el Beïda, le Dar el Maghzen, les Jardins d'essais de Ben Halima, les Souks, Souk el Khémis, Souk de Bab Djedid, les Souks groupés autour de la grande mosquée, le Parc aux autruches.

Excursions. — Moulay Idriss, 21 kilom.; Volubilis, à 20 minutes de Moulay Idriss; Tocolosida, à 10 minutes de Moulay Idriss; Oued Ouislam, vallée pittoresque abritant de grands jardins aux eaux vives, vignes sauvages très curieuses.

MOGADOR

Voir Bab el Marsa (porte d'un joli style et flanquée de deux énormes tours).

Excursions. — Forêt d'arganiers, 15 kil.; Sidi Mogdoul; le vieux palais du Sultan.

OUDJDA

Voir la Kasbah, le marché, le Minaret de la mosquée.

Excursions. — Oasis de Sidi Yahia, 6 kil.; Montagne des Beni Snassen.

RABAT-SALÉ

Voir la Kasbah des Oudaïa avec sa porte, la Médersa des Oudaïa et le Musée des arts indigènes; le Sémaphore; la Mosquée Djama el Kebir; le Port et la Douane; les Souks de la rue des Consuls, le Souk Sabbat.

Promenade. — Ruines de la Tour Hassan. Très jolie vue de la Tour sur la ville, Salé et la mer.

Excursions. — Ruines du Chellah, 3 kil. 500 (le marabout et la Source, au retour: les Trois Figuiers, le Palais du Sultan).

A Salé, voir la Médersa datant du XIVe siècle, remarquable par son style et sa décoration; le marché aux tissus ou Kissaria; le Souk aux babouches; les ateliers des ébénistes; la rue de la grande Mosquée et la rue du Talaa qui ont conservé leur caractère indigène; le cimetière de Bad Djedid; le cimetière et le sanctuaire de Sidi Ben Acher; la Bab Sebta; les anciens bassins de radoub; les remparts.

Promenades. — Marabout de Sidi Moussa et Kasbah Gnaoua; les Jardins d'orangers et l'aqueduc. Plateau de Bettana.

Excursions. — Mehdia (voir Kénitra); Forêt de la Mamora, 6 kil. (*sortir par la Bab Sebta ou la Bab Fès*); en barque sur l'oued Bou Regreg jusqu'aux gorges curieuses de l'oued Akrech.

Safi

Voir: La Kechla, véritable forteresse qui domine la ville de sa masse imposante, restaurée après l'occupation arabe, servait occasionnellement de résidence impériale aux sultans; elle abrite maintenant les bureaux du Contrôle civil et le Service de Renseignements; la chapelle portugaise (transformée en bains maures); la Mosquée de la Kéchla et la Mosquée du Chir M'Hamed Salah (style arabe); les Marabouts de Sidi Abderhaman, Moul Biban et de Sidi Bouskri.

Promenades. — Le marabout de Sidi Bou Zid, 2 kil. (la source et les palmiers vénérés, curieusement perchés au bord de la falaise, vue sur la rade de Safi, par temps favorable, on aperçoit les pics neigeux de l'Atlas); Zaouïa de Sidi Oissel, 8 kil. en auto, village pittoresque à l'espect saharien, habité par les Chorfa de la Maison d'Ouezzan.

Excursions. — Embouchure et vallée de l'oued Tensift, 36 kil. (peuplement d'arganiers).

Sefrou

Voir les jardins, les plus beaux du Maroc.

Settat

Voir les plantations du jardin du Caïd, les jardins de la ville.

Excursions. — Aïn bel Msek, 80 kil. (vallée à flancs escarpés, rivière très poissonneuse et cascades pittoresques).

Souk el Arba du Gharb

Excursion. — Kariat el Habassi, 7 kilom., agglomération indigène.

Tanger

Voir la Kasbah; se faire conduire ensuite au café Maure; vue sur la ville; le petit Socco; le grand Socco, marché très curieux (jeudi et dimanche).

Promenades. — Plateau du Marshan (parc); les Palais des Sultans Hafid et el Azziz.

Excursions. — Ruines de Tingis, 4 kilom. (Tanja el Balia, à cheval); sources de Charf el Akab, près de la frontière; Grotte d'Hercule, 18 kil., très spacieuse et pittoresque, source à l'intérieur, massif de grès siliceux très dur, d'où l'on extrait la pierre pour les meules; à côté, plage de sable fin aboutissant au marabout de Sidi Kassem, Cap Spartel, 12 kil.

Taza

Voir les remparts, les Bastions, la Tour Sarrazine, la Mosquée, le Musée de la Médersa, les Grottes.

Excursions. — Bab Morouj, 85 kilom., Touahar, 15 kil.; Bab Merzouka, 10 kil., en auto. Les différents postes militaires pittoresques, à mulet.

CHAPITRE VII

ORGANISATION DU PROTECTORAT

Administration. — Le Protectorat français a été organisé dans l'Empire chérifien par le traité conclu entre la France et le Maroc le 30 mars 1912.

Le Gouvernement français est représenté auprès du Sultan par le Commissaire Résident général qui est le dépositaire de tous les pouvoirs de la République au Maroc et qui dirige tous les services administratifs.

Les services de la Résidence sont actuellement installés à Rabat.

JUSTICE. — L'organisation judiciaire du Protectorat français comprend des tribunaux de paix à compétence étendue à Rabat, Casablanca, Oudjda, Safi, Meknès, Fès, Mazagan, Mogador et Marrakech ; des tribunaux de première instance à Rabat, à Casablanca et à Oudjda ; une cour d'appel à Rabat.

D'une façon générale, le juge de paix est compétent jusqu'à 5.000 francs en dernier ressort et jusqu'à 1.000 fr. en premier ressort, c'est-à-dire sauf appel devant le Tribunal de première instance. Au-dessus de 1.000 francs, c'est le Tribunal de première instance qui devient compétent, en dernier ressort jusqu'à 3.000 francs, et au delà, en premier ressort, c'est-à-dire sauf appel devant la Cour. Ces règles comportent un certain nombre d'exceptions précisées par les textes du Dahir sur la procédure civile (*Bulletin Officiel* du 12 septembre 1918).

La procédure suivie est spéciale au Maroc. Il n'y a pas d'officiers ministériels. En justice de paix, la procédure débute par une requête écrite et signée du demandeur ou de son mandataire, ou par sa comparution accompagnée d'une déclaration dont procès-verbal est dressé par le Secrétaire-Greffier. Toute partie domiciliée hors du ressort doit faire élection de domicile au lieu où siège le Tribunal de paix ; la constitution d'un mandataire, qui, sauf exception, ne peut-être qu'un avocat, vaut élection de domicile chez celui ci qui n'est valablement désigné que s'il a lui-même domicile réel ou élu dans le ressort. La suite de la procédure, d'ailleurs très simple et qui se ramène à un appel des parties en conciliation, puis, à l'audience, si un arrangement n'a pu intervenir, a lieu par voie de notification assurées par le Secrétaire-Greffier.

Devant le Tribunal, l'instance est introduite par une requête déposée au Secrétariat et signée de la partie ou de son mandataire. Toute partie domiciliée en dehors du ressort doit faire élection de domicile au lieu où siège le Tribunal. La procédure ainsi engagée est dirigée par un juge rapporteur. Elle se poursuit par voie de notifications émanant du Secrétariat.

Devant la Cour d'appel, la procédure est la même que devant le Tribunal de première instance.

ENSEIGNEMENT. — Depuis la création du Protectorat, de grands efforts ont été faits pour développer les œuvres d'enseignement et mettre à la disposition, tant des colons que des indigènes, des institutions scolaires appropriées aux besoins actuels du pays.

Pour les jeunes Français et Européens, l'enseignement primaire, sanctionné par le certificat d'études, est donné dans des écoles primaires de plus en plus nombreuses. L'enseignement secondaire est donné pour les garçons au lycée de Casablanca et aux collèges de Rabat et d'Oudjda ; pour les filles, à l'école secondaire de Casablanca et aux cours secondaires de Rabat et d'Oudjda. L'école secondaire de jeunes filles de Casablanca comporte une section secondaire conduisant au baccalauréat ou au diplôme de fin d'études, une section primaire supérieure conduisant aux brevets élémentaire et supérieur et une section commerciale comportant des cours de sténo-dactylographie et de comptabilité.

Tanger possède aussi un collège français, des cours secondaires de jeunes filles, des écoles françaises et franco-arabes.

De plus en plus, les œuvres d'enseignement dans le Protectorat sont l'objet de la préoccupation et de la sollicitude du Résident général.

Dans les grands centres, les bâtiments en bois qui ont abrité des milliers d'enfants dans les premiers mois de l'occupation française ont fait place à des constructions en pierre.

Le contrôle de la Direction générale de l'instruction publique s'exerce non seulement sur les écoles du Protectorat mais surtous les établissements fondés et entretenus par l'Alliance israélite à laquelle une subvention a été accordée et des bâtiments concédés.

La clientèle scolaire de tous les établissements relevant du Protectorat est de plus de 25.000 enfants.

DIRECTION GÉNÉRALE DE L'AGRICULTURE, DU COMMERCE ET DE LA COLONISATION. — Cette Direction a pour but d'étudier toutes les questions relatives aux ressources et au développement économique du Maroc. Elle a son siège à Rabat et comprend un service du Commerce et de l'Industrie, auprès duquel ont été institués un Bureau central des Offices et Bureaux économiques, l'Office marocain de la propriété industrielle et le Comité central des expositions et foires.

Des bureaux économiques régionaux ont été créés à Casablanca, Rabat, Fès, Meknès, Marrakech et Safi. Ces organismes ont un rôle d'information, de documentation et d'action en vue de faciliter et de stimuler l'expansion commerciale de la région où ils se trouvent. On ne saurait trop recommander aux immigrants d'aller s'y renseigner.

OFFICE DU PROTECTORAT A PARIS, 21, rue des Pyramides, et 19, rue d'Argenteuil. — Téléph. central 75-68.

L'Office du Protectorat de la République Française au Maroc, institué par arrêté résidentiel en date du 8 juillet 1913, a pour objet :

1° De centraliser et de mettre à la disposition du public les renseignements de toute nature concernant l'agriculture, le commerce, l'industrie, les travaux publics, les conditions du travail et le tourisme dans l'Empire Chérifien ;

2° De renseigner les colons français établis au Maroc et les indigènes sur les débouchés offerts aux produits marocains ;

3° De faire connaître, par l'intermédiaire des Chambres de Commerce, des groupements professionnels, et par la presse, les ressources économiques du Maroc ;

4° D'assurer la participation du Protectorat aux Expositions et aux Foires.

L'Office remplit son rôle en répondant verbalement ou par écrit à toute personne désireuse de se documenter sur le Maroc. On peut y venir consulter les journaux, revues, cartes, avis d'adjudication, etc.

A Bordeaux (16, place de la Bourse), à Lyon (Palais du Commerce) et à Marseille (16, rue Colbert), des Offices du Maroc ont été créés par les Chambres de Commerce avec l'appui de la Résidence générale.

Bulletins, Ouvrages, Revues, Journaux a consulter

Publications officielles

Bulletin officiel du Protectorat, hebdomadaire, 28 fr. par an, France et Colonies ; 60 fr. étranger (Résidence générale, Rabat).

Statistiques du mouvement maritime et commercial du Maroc, publiées par le Comité des Douanes (Tanger).

Annuaire économique et financier du Protectorat.

La Renaissance du Maroc. Dix ans de Protectorat.

Ouvrages

De Aldecoa. — *Cours d'arabe marocain* (Paris, Challamel, 17, rue Jacob).

A. Bernard. — *Le Maroc* (Paris, F. Alcan, 108, boulevard Saint-Germain).

S. Berge.— *La justice française au Maroc* (E. Leroux, Paris, 28, rue Bonaparte).

Gaudefroy-Demombynes et Mercier. — *Manuel d'arabe marocain* (Paris, Challamel, 17, rue Jacob).

Brunot. — *Yallah ! ou l'arabe sans mystère* (Paris, E. Larose, 11, rue Victor-Cousin).

H. Geoffroy Saint-Hilaire. — *L'élevage au Maroc* (Paris, Challamel, 17, rue Jacob).

J. Goulven. — *Traité de législation et d'économie marocaines* (M. Rivière, Paris, 81, rue Jacob).

J. Goulven. — *Le Maroc, les ressources de ses régions, sa mise en valeur*, 1920 (E. Larose, Paris, 11, rue Victor Cousin) : 15 fr., sans majoration.

Hardy et Aurès. — *Les grandes étapes de l'histoire du Maroc*, 5 fr. (Paris, E. Larose, 11, rue Victor-Cousin).

Hardy et Célérier. — *Les grandes lignes de la géographie du Maroc*, 7 fr. 50 (Paris, E. Larose).

M. de Périgny. — *Fès, la capitale du Nord* (Paris, Roger, 54, rue Jacob).

M. de Périgny. — *Marrakech et les ports du Sud*, Paris, Roger, 54, rue Jacob).

Annuaire général du Maroc (Casablanca : M. Guigues).

Annuaire du Maroc (Fontana, frères, Alger).

Le Maroc (collection des Guides-bleus, lib. Hachette).

Revues et périodiques

L'Afrique Française (organe du Comité du Maroc, mensuel, 21, rue Cassette, Paris : 30 fr. par an).

France-Maroc, revue mensuelle illustrée (rue d'Anjou, Casablanca : 32 fr. par an).

Hespéris. Archives berbères et Bulletin de l'Institut des Hautes Etudes marocaines, revue trimestrielle illustrée : 50 fr. par an (Paris, E. Larose, éditeur).

Recueil de législation et de jurisprudence marocaines (Paris, 33, Chaussée-d'Antin : 30 fr. par an).

Le Bulletin de la Société de géographie du Maroc (Casablanca).

Le Bulletin de la Société d'Horticulture du Maroc (Casablanca : 10 fr. par an, bi-mensuel).

Bulletin de la Société des Sciences naturelles du Maroc, 15 fr. par an (Paris, E. Larose, éditeur).

La Gazette financière marocaine (Paris, 22, Chaussée d'Antin : 12 fr. par an).

Journaux

La Dépêche marocaine (Tanger : 60 fr. par an pour la France).

La Vigie Marocaine (Casablanca : 55 fr. par an pour la France).

La Presse Marocaine (Casablanca : 60 fr. par an pour la France).

Le Petit Marocain (Casablanca : 55 fr. par an).

L'Echo de Maroc (Rabat : 55 fr. par an).

Cartes

Carte générale du Maroc, au 500.000e, en 11 feuilles, à 1 fr. 50 la feuille.

Carte générale du Maroc, en 8 couleurs, au 1.000.000e, en 2 feuilles. Prix : 10 francs.

Carte générale, au 1.500.000e Prix : 2 fr. 75.

Carte administrative et militaire, au 1.5000.000e. Prix : 2 fr.50

Carte des routes et chemins de fer, au 1.500.000. Prix : 2 fr. 25.

Carte des étapes de l'occupation française, au 1.500.000e. Prix : 2 fr. 25.

Les cartes ci-dessus éditées par le Service géographique du Maroc, se trouvent en vente en France chez les agents de vente du Service géographique de l'armée.

Carte géologique du Maroc, au 1.500.000e, par Louis GENTIL, publiée par ordre de M. le maréchal Lyautey (E. Larose, éditeur). Prix : 15 francs.

ROCHEFORT-SUR-MER. — IMPRIMERIE A. THOYON-THÈZE

www.ingramcontent.com/pod-product-compliance
Ingram Content Group UK Ltd.
Pitfield, Milton Keynes, MK11 3LW, UK
UKHW020425180726
13839UKWH00003B/1393